LES

MW01711030

Pensées

Swâmi Râmdâs

Pensées

Traduction de Marie Honegger-Durand
et Lizelle Reymond

Préface de Jean Herbert

La Table Ronde
7, rue Corneille, Paris 6e

Première édition : Éditions Paul Derain.

© Éditions de La Table Ronde, Paris, 1995,
pour la présente édition.
ISBN 2-7103-0653-0.

NOTICE BIOGRAPHIQUE

Swâmi Râmdâs naquit dans l'Inde occidentale le 14 avril 1886. Les principaux livres dans lesquels il puisa son inspiration religieuse et spirituelle sont : la Bhagavad-Gîtâ, le Nouveau Testament, la Lumière de l'Asie (d'E. Arnold) et l'ouvrage de Gandhi intitulé « Ethical Religion ».

Après avoir vécu dans le monde pendant plus de trente ans, il entendit l'appel irrésistible du Divin et se fit moine errant. Le récit de ses pérégrinations forme deux intéressants volumes : In quest of God *et* In the vision of God[1]. *Depuis plus de dix ans, il habite dans la province du North-Konkan, près de la petite ville de Ramnagar, dans un âshram construit par des disciples dévoués qui se sont groupés autour de lui pour vivre selon son enseigne-*

ment. Il quitte quelquefois son âshram pour reprendre son bâton de pèlerin ou pour répondre à l'invitation de ses disciples disséminés dans l'Inde.

Son yoga consiste essentiellement en japa, c'est-à-dire dans la répétition continuelle d'un mantra (formule sacrée). Le sien, qui lui fut donné par son père, est celui de la Râmarahasya Upanishad, *rendu populaire à la fin du* XVIe *siècle par le saint mahratte Ekanâth : « Om Râm, jay Râm, jay jay Râm », c'est-à-dire : « Om (la syllabe sacrée entre toutes) Râma, victoire à Râma, victoire, victoire à Râma. » D'où son nom de Râmdâs, qui signifie « serviteur de Râma ».*

La répétition d'un tel mantra, jointe à la méditation constante sur sa signification profonde, conduit le yogin à réaliser une identité de plus en plus complète avec l'idéal choisi. Shrî Râmakrishna disait : « Une fois qu'un homme est convaincu de la puissance du saint Nom de Dieu et qu'il est désireux de le répéter continuellement, le discernement et les pratiques religieuses ne sont plus nécessaires pour lui. Tous les doutes sont levés, l'esprit devient pur et le Seigneur est réalisé par la force même de Son saint Nom[2]. »

Râma, l'une des incarnations de Vishnou, est à la fois l'un des plus beaux idéals de l'Inde et l'un des plus aimés. L'histoire de Râma, telle qu'elle est narrée dans le Râmâyana, *est connue de tous les Hindous. Mais ce choix d'un aspect particulier du Divin ne dénote aucun sectarisme. Swâmi* Râmdâs, *questionné sur le sens qu'il attachait au nom de* Râma, *répondit un jour :* « Râma *signifie : Dieu.* »

Ainsi qu'on le verra par les pensées ci-après, recueillies par le Dr. M.K. Shukta, l'enseignement de Swâmi Râmdâs, *comme d'ailleurs celui de beaucoup de grands sages hindous, embrasse tous les yogas, tous les aspects de la métaphysique, de la morale et de la spiritualité. Il est cependant avant tout un bhakti-yogin et il rayonne constamment, l'amour et la joie sur tous ceux qui ont le privilège de l'approcher*[3].

Il est l'auteur de plusieurs livres écrits en anglais : The Divine Life, At the Feet of God, Gîtâ-

Sandesh, Mother Krishnabaï, Poems. *On trouve en outre des articles, des poèmes et des lettres de lui dans tous les numéros de la revue mensuelle* Vision [4], *publiée par ses disciples depuis 1933.*

JEAN HERBERT.

IGNORANCE

La vie devient une source de douleurs si on l'identifie avec le monde des phénomènes ou qu'on l'y mêle.

« Le réel ne meurt pas et l'illusion ne peut être éternelle. » Souffrir quand périt ce qui est périssable, c'est donc de l'ignorance.

La douleur ne naît pas de circonstances extérieures, mais du mental ignorant et esclave.

Le bien et le mal ne sont que des conceptions. Nous les voyons, non dans la lumière blanche de la Vérité, mais à travers la vitre colorée de l'ignorance.

Dans notre vie, tous les événements viennent en leur temps ; mais c'est uniquement l'attitude de notre mental qui nous y fait voir une cause de bonheur ou de souffrance.

Seule l'ignorance totale peut admettre la réalité des formes extérieures sans chercher la vérité, à travers elles et au-delà d'elles, jusque dans cette Réalité qui est de tout la base et le support.

L'homme est malheureux parce qu'il cherche sa joie et sa paix dans des conditions et des objets extérieurs qui, par leur nature même, sont incapables de lui donner l'état de perfection dont il a la nostalgie.

Les querelles et les discussions entre sectes, credos et cultes divers proviennent d'une extrême ignorance. Pour connaître et réaliser Dieu, il faut aimer tous les êtres et toutes les créatures sans nous soucier des distinctions établies par les hommes.

Bien et mal, vice et vertu sont des termes relatifs, créés par notre mental, et par conséquent subjectifs et nés de l'ignorance.

Nos actions ne sont ni vertueuses ni pécheresses. Elles sont simplement l'œuvre de la divine *Shakti*. C'est nous qui les affublons d'épithètes opposées, et nous souffrons par ignorance.

Très souvent, nous nous croyons bons, sages, etc., nous attribuant ainsi une fausse importance. Seul Dieu est grand et bon.

Quand nous regardons à travers le verre coloré de notre ignorance les œuvres pures de la Volonté divine, nous voyons en elles le bien et le mal, et par cela nous devenons tributaires de la joie et de la douleur. Donc, en toutes choses soumettons-nous à la divine Providence.

Mâyâ, c'est le mental, cause de toute dualité. C'est le mental qui décrète que les actions sont bonnes ou mauvaises, les situations agréables ou déplaisantes, et qui éprouve ainsi les émotions joyeuses ou pénibles.

LA CONSCIENCE D'EGO[5]

Dans quelque activité où l'homme se trouve engagé, son *karma*[6] ne peut l'enchaîner, s'il est libéré des griffes et des désirs de l'ego.

Le sens de l'ego est la conscience individuelle par laquelle l'homme croit être seulement un corps composé de cinq éléments, et se considère, en tant que *jîva*[7] distinct, comme l'auteur des actions.

Être actif dans les œuvres de *Prakriti* tout en jouissant de la béatitude de l'*Atman* est possible lorsqu'on a totalement renoncé à la notion de « moi » et « mien ».

La seule chose à laquelle l'homme doit renoncer s'il veut atteindre la suprême Vérité, c'est la notion de l'individualité – rien d'autre.

L'ego n'est qu'une ombre, une obsession et une illusion. Toute vie est une – et c'est toi-même.

Dans la merveilleuse *lîlâ* du Seigneur, il est évident que c'est la conscience d'ego qui a fait tomber l'homme de son plan suprême de bénédiction et de paix.

Être toujours conscient que notre vie individuelle n'existe que dans le « jeu » et qu'en réalité nous sommes la Vérité ou l'Esprit à jamais libre, bienheureux et omniprésent – c'est être sans égoïsme.

N'oubliez pas cette vérité : rien ne nous appartient ici-bas. Tout, y compris nous-mêmes, appartient au Seigneur suprême de l'Univers. Le sens de possession est un des principaux caractères de la conscience d'ego.

La lutte personnelle, commencée et poursuivie dans un égoïsme, où Dieu n'a aucune part, ne révèle que la faiblesse et l'ignorance du disciple.

Renoncez à votre « ego ». Dieu seul existe et Il est tout. Même vos *sâdhanâs* ne sont pas à vous. Tout ce que vous faites est Son œuvre. C'est Lui est au-dedans, au-dehors, partout ; Il est à la fois l'acteur et le spectateur ; Il est tout.

La conscience d'ego, ou conscience de séparativité, est une notion fausse. Il n'y a qu'un seul océan illimité de joie et il est à la fois immobile et en mouvement. Il n'y a qu'une lumière, une puissance, une existence, une seule Réalité éternelle et infinie.

Votre vie et toutes ses activités appartiennent à Dieu. N'essayez donc pas de suivre une voie que vous indiquerait votre mental obsédé par l'ego.

L'égoïsme est vraiment la racine de tout mal. Vous le voyez amplifié chez autrui, alors qu'il vous possède, vous-même, tout entier.

Pour s'élever au-dessus de la conscience de l'ego, le seul chemin possible est l'adoration pour le Seigneur suprême de l'Univers.

Nous ne pouvons être bons et charitables que lorsque nous agissons et vivons sur le plan élevé où nous n'avons plus le sentiment égoïste d'être l'auteur de nos actions. C'est seulement quand nous avons passé au-delà du moi, quand nous demeurons dans la conscience suprême et universelle de Dieu, que le bien véritable sort de notre cœur.

Aucun changement de situation ne peut nous apporter la paix et le repos tant que n'a pas disparu en nous la conscience égoïste d'être l'auteur des œuvres. Lorsque nous avons réalisé que, seule, la Volonté de Dieu œuvre dans tous les êtres, et que la responsabilité personnelle de l'action n'est qu'un leurre, alors les circonstances et les situations extérieures n'ont plus aucune influence sur nous.

LE BUT

Vivez pour l'amour de la grande Vérité qui demeure en vous.

Prenez cette maxime pour guide dans votre vie : « Vie modeste et nobles pensers. »

Souffrir pour la Vérité, pour Dieu, est un glorieux privilège de l'homme. Une telle souffrance nous rapproche de Dieu.

Ayez pour devise : « Amour, humanité et service du prochain ».

En vérité vous êtes tout, tout est contenu en vous et nul n'existe en dehors de vous.

Essayez d'atteindre le sommet, cette suprême grandeur de perfection. Tout le reste n'est qu'ignorance.

Contemplez Dieu en vous et ensuite contemplez-Le comme l'ensemble des mondes manifestés. Ne vous cramponnez pas aux plans inférieurs ; n'y cherchez pas de quoi exaucer vos désirs. Envolez-vous jusqu'aux plans de votre être transcendantal. Aspirez sans relâche jusqu'à ce que soit atteint le but le plus élevé !

Le but de la perfection est une vie libre et dégagée de toute servitude, pleine de paix intérieure et débordante de joie dans toutes ses manifestations, une vie que ne peuvent entraver aucune circonstance, aucune condition.

La connaissance construit les fondations, le

karma[8] élève les murs et la *bhakti* couronne l'édifice. Les trois, ensemble, bâtissent le temple complet et parfait de la réalisation de soi.

Réalisez que Dieu est tout et restez pourtant Son enfant et Son serviteur. Vous êtes à la fois Dieu et Son enfant. Dieu est Son propre adorateur. Il est un mystère, mais un mystère révélé dans l'amour et dans la joie.

Joie et douleur, gain et perte, échec et succès, vertu et péché, tout cela est fabriqué par notre mental. La joie suprême et éternelle est la seule Réalité.

Réalisez que vous êtes l'*Atman* bienheureux et vous trouverez la paix dans le calme intérieur de votre esprit, le mouvement dans votre travail extérieur.

Dieu est tout amour et toute pitié. Il ne faut

pas Le juger d'après les petites faveurs qu'Il nous octroie dans cette vie éphémère et limitée. Le but n'est pas de prolonger l'existence, mais de réaliser notre immortalité.

Laissons Dieu, seul Maître de toute existence, employer comme Il voudra cet instrument qu'est notre corps. Quand nous serons conscients que c'est Lui qui l'actionne, nous comprendrons que nous sommes libres. La liberté n'est pas un stade qu'il faut atteindre, mais un état qu'il faut réaliser.

Dans sa discipline pour atteindre le but, le *sâdhak* doit apprendre à voir Dieu dans son prochain, dans tous les animaux et toutes les choses qui l'environnent.

L'effacement du moi est pour celui qui est devenu, comme la goutte d'eau, un avec l'océan infini de l'existence, et qui joue ensuite le rôle du serviteur ou de l'enfant du Seigneur.

Je vous en supplie, ne croyez pas que nous soyons dans ce monde pour pleurer et nous lamenter sur lui jusqu'à ce qu'il disparaisse. Pour chacun de nous la vie est un combat et une lutte. Le vrai héros est celui qui livre bataille avec l'esprit ouvert et sans partialité et qui pourtant mène une vie de paix et de liberté.

Le but de toute vie est d'avoir un cœur plein d'amour, et puis de vivre dans l'altruisme, la liberté et la joie.

L'*ânanda* du pur *jnâna* et l'*ânanda* de *parâbhakti* ne font qu'un. On jouit de l'un dans l'aspect inactif de Dieu, et de l'autre dans l'aspect actif.

En vérité, il n'y a pas de vie plus grande que celle qui est consacrée au service de Dieu dans l'humanité. La vision de Dieu dans l'univers et au-delà forme la base de cette vie glorieuse.

La liberté est le but de la vie. Les restrictions n'ont de raison d'être que pour atteindre un état de parfaite libération.

En premier lieu il nous faut avoir une idée nette du but que nous devons atteindre. Ensuite nous devons adopter le moyen qui peut conduire à ce but. La métaphysique est autre chose que la réalisation. La réalisation est expérience. Celle-ci n'est jamais atteinte que dans l'effort et la lutte.

Le grand but de la vie est de cristalliser tous nos désirs dans l'unique et suprême désir de réaliser Dieu. Quand celui-là sera exaucé, tous les autres seront automatiquement satisfaits.

La vie humaine ne nous a été donnée que pour que nous puissions jouir du bonheur éternel. Si l'homme en fait, au contraire, un lit de souffrances, d'angoisses, de craintes et de doutes, il ne fait que gaspiller un don rare et précieux que Dieu lui a accordé.

Mérite la béatitude de l'immobilité et jouis-en ; que cela soit ton but avant toute autre chose.

La fin de la *sâdhanâ*, c'est de réaliser notre unité avec l'*Atman* éternel et immuable et de situer toute notre activité sur le plan de la manifestation.

Perte ou gain, honneur et déshonneur, louange et blâme sont des choses sans importance pour l'homme qui a trouvé la paix de l'*Atman* et la joie de l'activité sans égoïsme.

LE SENTIER

Bhakti est la racine, *vairâgya* l'arbre, *jnâna* la fleur. Le fruit, c'est la réalisation du Dieu suprême.

La voie la plus élevée pour réaliser Dieu est le service du prochain sans désir personnel *(nishkama seva)*.

Shrî Krishna disait à propos de la méditation : « Pense à Moi jusqu'à ce que toutes tes pensées soient dissoutes. »

La véritable adoration consiste à se rappeler constamment la grande Vérité qui réside dans le cœur de chacun de nous et à la glorifier.

La grâce de Dieu n'est jamais pour l'homme indolent et négligent ; c'est l'homme persévérant et travailleur qui la reçoit.

« Ni doute, ni crainte, ni souci », tel devrait être le *mantra* pour nous guider et nous inspirer dans toutes les difficultés de la vie.

Restez toujours heureux et joyeux en gardant une communion constante avec votre Être réel. Tel est le secret de la vie.

Vous avez toujours en vous votre *gourou*, votre Dieu, votre guide. En vous souvenant constamment de Lui, puisez en Lui force et paix.

Par votre souvenir constant de Dieu et votre soumission, vous pouvez développer en vous une forte volonté grâce à laquelle vous soumettrez votre mental et le libérerez de tous les doutes et de toutes les craintes.

Si vous admettez que toutes conditions, tous événements sont voulus par un Dieu d'amour, si vous admettez que ce monde des noms et des formes est, par sa nature même, un jeu éphémère et changeant, il n'y aura plus de place pour les anxiétés ou les chagrins.

Un esprit joyeux évite et guérit toutes les souffrances mentales et physiques.

Entre mari et femme l'union véritable est possible lorsque l'esprit de chacun d'eux s'est orienté vers le seul Dieu qui réside dans leur cœur et qui imprègne tout l'univers.

Un mental agité et dominé par les désirs est l'obstacle qui empêche un *sâdhak* de s'approcher de Dieu. Ainsi donc, en premier lieu, la maîtrise du mental et l'extirpation de toutes ses *vâsanâs*[9] sont absolument nécessaires avant que la lumière et la connaissance divines puissent illuminer le cœur.

Par un souvenir incessant soyez toujours conscients que la Vérité demeure à jamais en vous, avec vous, et tout autour de vous.

Laissez-vous guider par la voix intérieure ; écoutez-la, et agissez ensuite. Ne faites pas des choses simplement parce qu'on vous les demande.

Évidemment, nous devons prendre le monde tel qu'il est, car s'il n'est pas en notre pouvoir de le changer à notre gré, nous pouvons y vivre en le regardant sous un angle différent, en changeant d'attitude envers lui.

Après son éveil, le *sâdhak* doit être ferme,

sans vaciller dans sa foi, et suivre le sentier de la discipline, prenant pour guide Dieu qui est en lui-même ; il ne doit pas abandonner la lutte avant que le but soit atteint. Le succès rapide de ses exercices spirituels dépend de l'intensité de son aspiration à réaliser Dieu.

Celui qui cherche la Vérité aura beau lire des Écritures sacrées et des livres religieux, cela ne l'aidera pas à s'approcher de l'Idéal suprême. Pour éliminer de son mental les impuretés qui obscurcissent sa vision de la Réalité, il doit compter surtout sur une *sâdhanâ* personnelle où il met tout son cœur.

Pour avoir la vision de Dieu, vous devez aller au-delà des *gunas* et des *dvandvas* ; ne soyez liés par les injonctions d'aucun *shâstra* ou *dharma*[10], mais rendez-vous absolument libres par votre entière soumission à Dieu.

Si vous croyez que quelqu'un peut vous faire progresser en priant pour vous, vous vous trompez. Les hommes qui ont atteint la connaissance et réalisé la béatitude éternelle peuvent montrer le chemin, mais il vous appartient d'y marcher d'un pas ferme et sûr en prenant pour aide et pour guide le Dieu qui est en vous.

Apprenez à votre mental à voir Dieu partout en le faisant demeurer dans la pensée de Dieu. Vous gagnerez ainsi la paix et la joie éternelles.

Faites toutes *sâdhanâs* dans un esprit de jeu ; que la gaieté soit leur note dominante. D'un pas léger et la joie dans le cœur, allez à la rencontre de la Mère Bien-Aimée qui est toujours vôtre. Elle a reconnu en vous Son enfant.

Lutter est certes une condition de progrès. Ne reculez pas, ne faiblissez pas ! Le Seigneur Tout-Puissant est votre soutien ; allez de l'avant toutes voiles dehors et bravez toutes les tempêtes. Ne vous troublez pas. L'esprit joyeux et avec le sourire, allez à la rencontre du Bien-Aimé qui est dans votre cœur. Il est à jamais avec vous ; il n'y a pas de différence entre vous et Lui.

Le mental peut gambader comme un singe, mais vous savez que vous êtes celui qui surveille ses ébats et non pas le mental lui-même. Quand vous aurez ainsi réalisé que vous êtes l'immortel témoin, vous ne serez plus influencé par les suggestions du mental dominé par les désirs. Lorsque vous vous serez identifié avec le témoin, les désirs du mental mourront d'inanition.

La méditation calme et silencieuse peut

seule nous convaincre de l'exacte Vérité. Toutes les discussions et toutes les citations de textes ne nous aideront jamais à atteindre cette Vérité.

C'est Dieu qui nous a tous placés dans les conditions où nous sommes. Il attend de nous que nous ne soyons ni mécontents, ni irrités, ni inquiets. Aucune situation n'est mauvaise pour nous pourvu que nous nous souvenions de Lui à tout instant.

Un homme obtiendra tout ce qu'il désire s'il fait les efforts que fit *Bhagîratha* [11].

Nous ne sommes pas chargés de distribuer sagesse et richesses. Notre rôle est de trouver la sagesse pour nous-même en servant notre prochain dans l'amour et l'humilité.

Votre vie, si précieuse, pourquoi la gaspiller ? Consacrez-la à Dieu et à Son service comme le fit Mirabaï[12]. Aimez-Le en tous et servez-Le en tous ; alors vous vous sentirez bénis, purs et paisibles.

En vérité, nous cherchons Dieu au-dehors de nous jusqu'à ce que nous fassions la grande Découverte – et c'est que notre cœur est le sanctuaire où le Seigneur de l'univers, Vishvanâth, demeure dans toute Sa gloire.

Le meilleur livre que nous puissions lire chaque jour est notre propre cœur. Guettons et surveillons ce qu'il fait. Ce qu'il nous faut, c'est nous tenir à l'écart et considérer en témoin ses multiples activités. Nous pouvons y arriver parfaitement dans la méditation.

Ne cherchez pas à transformer le monde avant d'avoir opéré en vous-même les changements nécessaires.

Servez Dieu humblement et sans désirs jusqu'à la limite des forces qu'Il vous a accordées. Témoignez à tous les êtres de l'amour et de l'amitié.

En vérité, il n'y a pas de meilleur moyen que la *satsanga* pour garder éveillée en nous la conscience divine. Nous obtenons la *satsanga* lorsque notre mental s'est purifié.

Ne cherchons pas toujours une aide au-dehors. Le meilleur moyen de garder éveillée la connaissance de la Vérité est de répéter constamment le *gouroumantra*[13] et de rechercher la société des *bhaktas*.

Soyez toujours en harmonie avec Celui qui demeure éternellement en vous. Il est Esprit immuable et immortel ; Il est existence, conscience et béatitude absolue – *Sachchidânanda*.

Ce n'est pas la récitation de la *Gîtâ* qui vous élèvera jusqu'à la Vérité de votre existence, c'est-à-dire Dieu, mais bien une profonde méditation des vérités contenues dans ses versets *(shlokas)*.

Dans toutes vos actions, chez vous comme à l'école, soyez toujours véridiques, honnêtes et droits. Cultivez en vous la bonté, l'amour et le pardon pour tous.

Je vous en supplie, souvenez-vous qu'on ne peut voir Dieu que lorsqu'on s'est libéré des griffes de la luxure, de la colère et de la convoitise.

La vraie grandeur est celle d'un cœur et d'un mental purs. Que vous importe ce que pensent de vous vos collègues ou n'importe qui ?

Soyez au-dessus des louanges et des blâmes mesquins que distribue le monde.

Dans les efforts pour atteindre son but, le *sâdhak* doit apprendre à rester calme et maître de soi dans tout ce qu'il fait, observer le mystérieux travail de la divine *Shakti* en lui-même et partout autour de lui. Il doit être convaincu que toutes choses concourent uniquement au bien.

Il ne suffit pas de nous débarrasser de nos doutes et de nos craintes en écoutant de grands discours philosophiques. Ce qu'il faut, c'est faire descendre ces vérités dans l'expérience pratique.

Avant tout, il faut essayer de dompter le mental indiscipliné.

Vivez humblement mais noblement, en bravant tous les orages de la vie avec une foi aveugle en Dieu et en Sa providence.

N'hésitez pas à faire immédiatement la chose juste.

Mieux vaut nous laisser dépouiller en faveur d'autrui de nos prétendus droits, si par cette attitude nous pouvons faire des heureux.

Lire des livres religieux nous aide seulement à nous éveiller au sens de la Réalité, mais cet éveil ne peut être durable que si nous pratiquons avec zèle et conscience la concentration de l'esprit.

Seul un esprit concentré et purifié peut absorber l'enseignement de la Vérité divine.

Aussi longtemps que l'homme est obsédé par la notion de la dualité, la prière, la méditation et la soumission sont pour lui des choses réelles et nécessaires.

Dieu ne veut pas que nous soyons enchaînés et que nous tenions comme constamment indispensables telle ou telle règle, telle ou telle discipline. La vraie liberté est de jouir de la béatitude éternelle à travers tous les changements, les tribulations et les vicissitudes de l'existence.

Jusqu'à ce que la flamme de la Vérité brûle sans jamais diminuer d'intensité, il faut faire tout ce qui est possible pour l'entretenir.

En vérité, il ne suffit pas d'éveiller simplement le mental au sens suprême de la Réalité. Il est indispensable de bien enfoncer cette Vérité dans le mental agité.

Un mental qu'on a laissé longtemps vagabonder sans frein ne se laissera évidemment pas maîtriser par des exercices spirituels de courte durée.

Apprenez à votre mental à voir partout et en toute chose la Présence de Dieu. Il est à la fois la Vérité immuable, sans mouvement, sans forme et qui imprègne tout, et aussi la Puissance active et dynamique qui est toutes les manifestations et dans toutes les manifestations.

Au début sentez toujours que vous n'êtes qu'un instrument dans les mains de *Shakti* et faites toutes vos *sâdhanâs* en sachant que c'est Elle qui agit par vous. Ne soyez pas impatients, marchez résolument en avant et remettez-vous-en au Seigneur lui-même pour vos progrès et votre réussite.

Dans votre *sâdhanâ* ne faites rien pour

contraindre votre mental à se fixer dans la méditation sur votre idéal. Progressez peu à peu, mais avec une indomptable persévérance.

LE NOM DIVIN

Celui qui a une foi inébranlable dans le Nom du Seigneur est sauvé.

Par tous les temps, cramponnez-vous au Nom du Seigneur. C'est la seule planche de salut qui ne laisse pas sombrer l'homme qui s'y accroche. Le Nom est le Seigneur Lui-même, le *Gourou*, le Tout en tout.

Le *japa*[14] purifie la pensée et permet au disciple d'atteindre la connaissance de la Vérité.

La faiblesse vient dès qu'on oublie de penser à Dieu. Un moyen bien simple de se souvenir de Lui, c'est de répéter constamment Son Nom.

De tout notre amour et de toute notre foi, attachons-nous à Son Nom glorieux. Qu'il fasse de nous ce qu'Il lui plaira. À nous de réaliser notre immortalité.

Faisons constamment de notre vie une offrande à Celui qui nous a donné l'existence. Que Son Nom soit toujours sur nos lèvres et dans notre pensée.

La répétition du *mantra* sacré purifie le mental. La *satsanga* vous fait progresser et vous procure la vraie connaissance. À la fin viendra *gouroukripa*[15] – en prendre conscience vous fait réaliser qu'en vous s'est incarnée une existence éternelle, pleine de joie et de paix.

En répétant constamment le *mantra* de

Râma et en pratiquant la méditation, vous trouverez la force et le courage nécessaires pour surmonter toute faiblesse du mental et du cœur.

Répéter le *mantra* de *Râma*, méditer sur les attributs de Dieu et offrir toutes vos actions au Seigneur – telle est la voie.

Quand le Nom du Seigneur est sur nos lèvres, nous n'avons rien à craindre, ni dans ce monde ni dans aucun autre. N'oubliez pas que vous êtes l'immortelle Vérité.

Un cœur d'où jaillit l'amour est le cœur même de Dieu. Dieu est *nirguna*, mais Il est aussi *saguna*[16] en tant qu'amour pur, spontané et universel. Nous pouvons nous mettre à l'unisson de cet amour par l'harmonieuse mélodie de Son Nom.

La méthode la plus facile pour garder le souvenir de Dieu, c'est de répéter Son Nom glorieux. Soyez toujours joyeux, sans crainte et libre.

Le Nom du Seigneur est le seul refuge de l'homme qui lutte pour obtenir le *darshan* de Dieu.

En vérité, le pouvoir du Nom de Dieu est tout simplement merveilleux ! Il peut conduire l'homme à la vérité la plus grande et la plus élevée de l'existence. Ce Nom lui accorde une liberté, un bonheur et une paix qui sont inaltérables.

Dirigez votre regard en vous-même et réalisez la gloire de l'*Atman*. La clef qui ouvre la porte de ce royaume spirituel au-dedans de vous, c'est le nom de *Râma*.

Vous pouvez appeler Dieu par le nom que vous aimez, mais la Vérité est toujours la même.

RENONCEMENT

Quand le renoncement intérieur *(tyâga)* a été réalisé, peu importe que l'on abandonne ou non tout travail extérieur.

Ne soyez pas trop conscient de vos défauts et ne vous en tourmentez pas trop.

Pour que vous puissiez trouver l'union et l'unité avec l'immortel et omniprésent *svarûpa* de Dieu, il faut que disparaisse le désir de voir des formes extérieures.

Quand la tristesse et la souffrance deviennent intenses et intolérables, soyez certain que va poindre une ère nouvelle apportant un progrès capital.

Vairâgya signifie l'offrande au Seigneur de nos actions journalières, les libérant ainsi de la flétrissure du désir.

Dans ce panorama changeant de la vie, il n'est rien qui doive nous surprendre ou nous attrister.

Non seulement un renoncement tout extérieur n'est pas nécessaire, mais il n'est même pas le chemin.

Renoncez à tous les désirs du mental et de l'intelligence, et jouissez de la béatitude de l'*Atman*, même si pour cela vous devez vivre dans un taudis ou devenir un mendiant errant, dépourvu de tout.

Le vrai *darshan* vient quand les désirs sont maîtrisés et vaincus. Ne cherchez pas ce qui est en dehors de vous et n'en faites pas dépendre votre bonheur.

Embrasser le *sannyâsa* en croyant par là réaliser Dieu est une erreur complète.

Le *sannyâsa* n'est pas une chose qu'on reçoit de quelqu'un ou qu'on transmet, c'est une consécration de notre être entier au Seigneur et à Son service. C'est une vague spontanée d'aspiration qui s'élève du fond de notre cœur.

N'oublions pas que nous sommes venus au monde seul et que nous en partirons seul. Nous n'apportons avec nous ni famille ni cette richesse tant prisée, et quand nous quittons cette vie humaine, nous ne les emportons ni l'une ni l'autre.

Dieu est bon. Il nous enseigne, par l'expérience, que nos désirs sont nos ennemis et que les objets des sens sont une source de misère. Cependant nous les désirons ardemment et nous souffrons par eux. À qui la faute ? À nous, uniquement ; alors pourquoi incriminer Dieu ?

Nous pouvons vivre des milliers d'années et obtenir du monde tout ce que nous désirons, mais nous ne serons jamais heureux tant que nous aurons encore faim des choses de ce monde.

Jusqu'à ce que soit complètement éliminé le désir du cœur – la soif de possession ici-bas – vous ne jouirez pas du vrai bonheur dans l'union avec Dieu, Maître et Seigneur de votre existence et de celle du monde.

Un mental qui n'est pas maîtrisé peut accepter la Vérité, mais ne peut la conserver. L'esprit ne devient capable d'assimiler que lorsque tout désir en a été chassé. On y parvient par la discrimination, la concentration et la méditation qui aboutissent à la réalisation de Dieu.

En vérité, la pauvreté est chose magnifique. Heureux sont les pauvres, car ils trouveront bientôt le Seigneur.

Accumulation des richesses et dévotion sont à des pôles opposés. Celui qui s'en remet complètement à Dieu ne peut pas amasser des richesses; c'est pour cela que nos Sages et nos Saints se rangent sous le signe de la pauvreté.

Si nous avons du monde une vision claire et nette, nous verrons combien changeantes et périssables y sont les formes de toute vie et de toutes créatures.

Ce qui est éternel ne meurt pas et ce qui est périssable n'échappe pas à la dissolution. Alors pourquoi pleurer sur les morts? Chaque mort, chaque perte nous éveille à la Réalité. Aussi, croyez-moi, tout ce qui arrive, c'est pour notre bien. Nous demeurons ici-bas comme dans une auberge : père, mère, mari, femme, enfants ne se groupent, un certain temps, que pour être ensuite séparés, car chacun d'eux suit son propre chemin vers Celui de qui ils procèdent.

BHAKTI

Qu'est-ce que la *bhakti*? C'est un intense désir d'atteindre Dieu. Telle une flamme, la *bhakti* brûle sans vaciller dans notre cœur jusqu'à ce que nous soyons parvenus à Dieu. Ce désir nous possède d'une telle façon qu'il ne laisse plus en nous qu'une seule ambition : réaliser Dieu. Sans répit cette ardeur nous consume. Tel un feu, une véritable folie de Dieu s'empare de notre esprit ; toutes nos énergies mentales et physiques sont exclusivement dirigées vers la possession de Dieu. Quand cette *bhakti* nous aura amenés en présence du plus cher but de notre vie et de notre lutte, nous aurons trouvé la paix une fois pour toutes, la demeure de la paix et du repos parfaits. Nous aurons alors réalisé la condition dans laquelle il ne nous restera plus de désirs non satisfaits. Nous serons un avec la Vérité suprême, l'existence qui est éternelle joie.

La *bhakti* n'implique pas une vie chaotique. Les signes distinctifs du véritable adorateur de Dieu sont une existence bien réglée, dominée par un sens aigu du devoir et une nature patiente et joyeuse.

Une innocence d'enfant, un amour pur embrassant également toutes les créatures et une activité sereine et bienfaisante pour tous – ainsi se présente l'homme qui est parvenu à l'état béni.

Le *bhakta* dit : « O Dieu, c'est Toi qui es l'auteur de toutes choses, les formes sont Tiennes, tout est à Toi. » Il réalise ainsi qu'il est le *Purusha*, le Témoin inactif, éternel, qui n'est affecté par rien. Le *jnânin*[17] dit : « Toute activité appartient à *Prakriti* ou *Shakti.* Je suis le *Purusha*, le Témoin que n'atteignent pas les passions. »

La Vérité est une, et pourtant l'amour veut qu'elle revête la dualité pour jouer à être, à la fois, proche et lointaine.

Le véritable adorateur est celui qui a réalisé que rien ne le sépare du Dieu de l'univers.

La *parâbhakti*, c'est voir l'univers entier dans toutes ses activités diverses et ses formes multiples comme une manifestation ou une expression de Dieu.

L'amour véritable est impersonnel. C'est l'amour de la Vérité qui demeure dans le cœur de tout être et de toute chose.

Un amour serein a revêtu toutes les formes. Toutes les activités, tous les mouvements sont les vagues bénies de cet amour.

Quand l'amant rencontre son Bien-Aimé et se recueille avec Lui dans le sanctuaire de son cœur, – il tressaille d'une indescriptible extase. C'est un fait !

N'oubliez pas que le Seigneur et Son adorateur sont un, jouant deux rôles à la fois. Ainsi donc vous êtes le Seigneur Lui-même.

L'amour divin, tandis qu'il se développe, voit les fautes, mais les pardonne. Dans sa pleine réalisation, l'amour ne voit plus les fautes et n'a donc plus rien à pardonner. C'est la suprême innocence, la simplicité et la sainteté du cœur. C'est le cœur même de Dieu dont un seul rayon purifie des millions ; ce rayon est la Grâce divine.

Le Seigneur est amour infini. Notre corps est Son temple, notre cœur Son trône et Lui, le *Paramâtman*[18] suprême, est assis sur ce trône dans toute Sa magnificence et Sa gloire.

Ayez confiance en Dieu et adaptez-vous à toutes les situations changeantes dans lesquelles Il lui plaît de vous mettre.

Comment être possédé par le souvenir constant de Dieu ? En faisant naître en soi une soif et un amour profonds et durables pour Lui et Son amour. Nous venons de Lui et nous sommes ici-bas sur le chemin qui nous ramène à Lui. Ne perdons pas de vue notre but en nous attachant aux bagatelles périssables et aux joujoux du monde ! Travaillons, vivons, mouvons-nous au milieu de ces choses tout comme le feraient des pèlerins qui se rencontrent dans une auberge. Gardons la lumière divine vivante en notre cœur, n'oublions jamais le sens et le but de la vie et restons toujours attachés à la Vérité suprême.

Il est le *bhakta* et Il est le Seigneur. Comme *bhakta*, Il fait semblant d'être différent de Lui-même ; comme Seigneur, Il fait semblant de Se chercher Lui-même. Merveilleuse est Sa *lîlâ* !

Dieu, qui est amour, paraît dur, injuste et cruel. Non ! Il ne l'est jamais. Si nous Le croyons tel, c'est le résultat de notre ignorance.

Le Seigneur dit : « Celui-là est un *bhakta* qui se souvient constamment de Dieu et Lui abandonne toutes ses actions. »

La place du Seigneur est toujours dans le cœur de Son *bhakta* : c'est Son temple et Sa demeure. Il n'est jamais silencieux, mais s'entretient constamment avec Son *bhakta* bien-aimé.

Supplions Dieu de nous accorder le constant souvenir de Lui. Pour exaucer cette prière, Il fait dans notre vie les changements nécessaires pour nous permettre d'être toujours en contact avec Lui. Il nous prouve ainsi qu'Il est infiniment bon.

Une foi parfaite dans la bonté, la bienveillance, la grandeur et l'amour de Dieu, est un merveilleux stimulant pour nous garder toujours joyeux et calmes.

Que vous soyez immortel est une vérité évidente, mais *prema* est le parfum même qui s'exhale d'une vie de simplicité, de pureté, de renoncement, d'humilité, de compassion et de pardon. Oh ! la joie d'une telle vie !

L'action de *prema* est véritablement merveilleuse ! Elle est irrésistible et s'accomplit dans le silence. Aucune barrière ne peut résister à sa marche ferme et sûre. Quoique doux et modeste, *prema* est tout-puissant. Il embrasse tout l'univers, il est éternel. Il est tout simplement magnifique !

La vraie *bhakti* est *nishkama bhakti*[19]. Les autres formes de *bhakti*, même si nous les suivons fidèlement, ne peuvent nous sauver.

Le vrai fidèle répète avec entêtement : « O Seigneur, fais de moi ce que Tu veux, moi, je ne T'abandonnerai jamais ! »

Que votre unique et constante oraison soit : « Conduis-moi de l'irréel au Réel, de l'obscurité à la Lumière, de la mort à l'Immortalité. »

Qu'est-ce que la foi ? C'est la soumission sans

nulle hésitation à la volonté de Dieu. Tout ce qui arrive est considéré comme l'œuvre de Dieu. Dieu est considéré comme grand, bon et bienveillant. Il est le seul Dispensateur de toutes choses. Puisque tous événements, changements et mouvements viennent d'un cœur à jamais rempli de bonté, d'amour et de pitié, il n'y a rien qui puisse justifier nos murmures, nos critiques, nos lamentations, nos anxiétés et nos craintes, – car tout est Son œuvre. Il est toujours créateur de joie et d'harmonie. Ainsi, c'est Lui qui existe et qui œuvre au cœur de toute chose et de tout événement. Quand cette foi nous est acquise, Dieu devient le compagnon, le guide, l'ami qui ne nous abandonne jamais, et nous accomplissons toutes nos actions par Sa volonté, c'est-à-dire sous Son inspiration. Il demeure en nous et tout autour de nous. Alors doutes et craintes s'évanouissent et nous atteignons un état de liberté qui est en soi-même la paix et le bonheur absolus.

Le fidèle abandonne la notion de « moi » et de « mien » – et devient conscient dans toutes ses activités de la main de Dieu qui le guide. Le vrai fidèle ne se réjouit pas de ses gains ni ne s'afflige de ses pertes. Sa confiance en Dieu fait tellement partie de lui, qu'il est toujours satisfait là où le Seigneur l'a placé.

La *bhakti* représente un effort pour faire converger toutes les forces du cœur, de l'intelligence et de la volonté et les lancer à la conquête de la Vérité, la vôtre et celle du monde – Vérité qui comprend tout et contient tout.

Ce que vous pouvez acquérir de meilleur en ce monde, c'est la foi parfaite en Dieu, envers et contre tout.

C'est dans le champ de la souffrance et du sacrifice que l'amour remporte les plus grands triomphes. Il ne cherche pour lui-même ni avantage ni profit aux dépens d'autrui. Bravement et gaiement il endure peines et souffrances dans un esprit de parfaite soumission à la volonté et à la providence du Seigneur suprême de l'univers.

Aimer votre prochain, c'est aimer votre Dieu. Dieu, isolé de votre prochain, n'est pas Dieu.

La caractéristique de la *bhakti*, c'est le service ou le travail libres, gais et pleins d'amour.

Dieu sait prendre soin de ceux qui se sont réfugiés en Lui. Acceptez comme un don de Dieu toute aide qui vous vient spontanément de n'importe quelle direction ; d'ailleurs tout ce qui nous arrive est un don de Dieu.

Jnâna seul est insuffisant et souvent dangereux pour l'homme qui a pour voie la *bhakti*. *Jnâna* doit se joindre à la *bhakti*, à l'amour.

Dieu est amour et pitié infinis. Ne mettez jamais cela en doute, quelles soient les conditions heureuses ou malheureuses dans lesquelles vous vous trouvez.

La vraie *bhakti* pour Dieu, c'est aimer tous les êtres ; le vrai culte de Dieu, c'est tous les servir.

L'amour est vraiment la chose la plus merveilleuse. Il ne trouve aucun sacrifice trop grand pour se réaliser pleinement dans la joie et la paix.

La vraie communion avec Dieu s'accomplit par l'esprit. À l'instant même où nous dépassons la conscience du corps, nous sommes un avec l'essence de Dieu.

JNÂNA

En détruisant l'ignorance, la vraie connaissance dissout la conscience d'ego. La connaissance est votre conscience d'unité avec l'immortel *Atman* qui demeure en votre cœur et imprègne toute vie et toute forme dans l'univers.

N'oubliez pas que vous êtes l'Esprit immortel et bienheureux.

L'identification avec l'*Atman* et le don à *Shakti* de toute action apportent la lumière de la connaissance qui dissipe les ténèbres de l'ignorance.

Ne cherchez pas en dehors de vous la béatitude de l'*Atman*.

Un *darshan* extérieur, si fréquent soit-il, ne peut étancher votre soif. Il faut, pour cela, boire le nectar de l'immortalité par une étroite communion et un sentiment d'unité avec l'*Atman* éternel qui demeure en vous.

Vous ne pouvez pas compter éternellement sur la société des saints. Obtenez un contact direct et devenez vous-même le saint. Soyez vous-même la Vérité.

Réalisez, réalisez ! Renoncez aux notions préconçues, aux pensées empruntées à ce qu'ont dit et exprimé les saints dans les différentes phases de leur réalisation. Voyez par vous-même, comprenez par vous-même et affirmez et manifestez votre propre Nature divine.

Affirmez votre Nature divine. Soyez conscient de la Présence de Dieu en vous. Ne permettez pas aux phases changeantes de la vie de jeter un voile sur la Lumière de la Vérité révélée en vous.

Ne perdez jamais votre équilibre sous la pression d'aucune circonstance extérieure. Elles viennent et s'en vont comme des nuages chassés par la brise. Campez-vous fermement sur le roc de votre existence immuable et éternelle.

La contemplation de la Vérité nous conduit à sa réalisation, c'est-à-dire que nous en éprouvons et comprenons la sublimité.

Sachez que vous n'êtes pas ce mental agité, mais bien l'Esprit immortel, bienheureux et immuable.

Demandez-vous qui vous êtes, et la réponse immédiate viendra de votre cœur que vous êtes la Vérité et la Vie, éternelles et parfaites.

Il ne peut y avoir aucune réalité en vous, envisagé comme individu auteur d'actions. Vous et tous les autres accomplissez vos actions par la Volonté et la Puissance suprêmes du Seigneur.

Ne vous imaginez pas que vous êtes un être changeant et périssable ; vous êtes la Vérité omnisciente, omniprésente, omnipotente, immuable, immortelle et absolue.

Nous sommes à jamais un avec Lui, quoique nous jouions à faire semblant d'être différents de Lui.

N'oublions pas que toutes les formes sont vouées à la dissolution. Mais l'*Atman* éternel dont elles ne sont que de fugitives expressions est immortel et immuable.

C'est pure folie que de s'affliger de la mort du corps ! Seul ce qui est périssable se dissout en ses éléments, mais la Vérité est immortelle et nous sommes, dans notre véritable essence, à jamais un avec Elle.

La tendresse du Maître vous suit partout. Soyez-en conscient et vous serez libre. Vous en aurez conscience par le souvenir continuel de ce que, en réalité, vous êtes, c'est-à-dire, l'Esprit immortel empli de paix et de béatitude absolues.

En vérité, se tenir à l'écart de son mental et en observer les activités est un exercice salutaire. Quand la dissociation est complète, autrement dit quand l'identification avec l'observateur ou le témoin est parfaite, à cet instant même le mental se dissout et vous atteignez le *samâdhi*, la paix et la béatitude absolues.

Le cœur du *gourou* est toujours tendre, et le disciple, par la méditation constante, parvient à ressembler de plus en plus à son maître, et à posséder la même pureté et la même douceur du cœur. N'oubliez pas que le *gourou* est en vous et sachez que vous n'êtes pas distinct de Lui.

Yoga[20] signifie équilibre – un état de paix et de joie inaltérables et inébranlables.

Rejetez le masque qui recouvre votre vraie Nature divine – et révélez-vous dans toute votre splendeur.

Vous avez beau vous amuser à être ignorant ou sage, attaché ou libre, heureux ou malheureux, vous êtes à Lui à jamais.

Moksha[21] n'a pas pour condition préalable une situation ou des circonstances extérieures particulières. *Moksha* est la réalisation de l'immortalité par la disparition de l'ignorance, destruction que procure la conquête de la divine Sagesse. C'est essentiellement un changement dans notre conscience, et notre vision intérieures. Quelle que soit, aux jours de son ignorance, la situation d'un homme, il pourra la garder même après avoir obtenu la connaissance divine.

Dieu est la seule et unique Réalité. Notre corps physique n'est qu'une manifestation transitoire et périssable de cette grande Vérité immortelle. En vérité, nous sommes l'*Atman* immortel, l'Esprit immuable et impérissable.

Il revêt les corps, et Il les rejette. Il est toujours le même jusqu'à la fin des siècles. Les différences et les diversités ne sont qu'apparentes. Noms et formes sont choses passagères.

Réalisez que Lui, et Son infini Pouvoir qui est en vous, vous guident et vous dirigent, et vous font agir en toutes choses, en tous temps. Élevez-vous des conceptions limitées des choses, c'est-à-dire, au-dessus des *gunas* et des *dvandvas*.

« Cherche en toi, connais-toi toi-même. » Ces sublimes secrets, révélés par la parole des *rishis*[22], sont venus jusqu'à nous à travers l'accumulation des siècles.

Sachons que toutes les actions, de quelque nom que nous les appelions, sont pures et divines, car seul le Divin œuvre dans l'univers entier. Nos corps ne sont que les instruments par lesquels *Shakti* travaille à l'accomplissement de Ses desseins. C'est Elle qui travaille dans le saint comme dans le pécheur. Saint et pécheur ne sont que des mots. C'est l'ignorance qui nous fait voir une différence entre les deux.

Aucun *darshan* extérieur ne peut nous donner le bonheur éternel, cela ne peut nous apporter qu'une satisfaction et une paix momentanées. Il nous faut rechercher la compagnie de l'impérissable Vérité au-dedans de nous pour finalement nous perdre en Dieu et réaliser le bonheur éternel.

Sachez que le Seigneur des mondes, qui est Paix, Puissance et Béatitude absolues, demeure à jamais en vous.

Peu importe que le corps vienne ou qu'il s'en aille, éternellement nous demeurons en Dieu, éternellement nous sommes un avec Lui.

Que peut-il vous manquer si vous savez que *Sachchidânanda*, le *svarûpa* de Dieu est en vous ? Il est le but, le chemin et vous êtes Lui de toute éternité.

La vie ne peut être comprise qu'en remontant à sa source première. Cette source est à jamais douce et sans fin.

À l'origine de toute vie et de toute existence dans le monde des phénomènes, il y a le calme, la paix et le repos immuables de l'immortelle Vérité qui imprègne tout.

Vous êtes la Vérité Elle-même, vous êtes l'Idéal Lui-même. L'infinitude et l'éternité sont les caractères de votre véritable existence. Dualité et différenciation n'ont plus alors aucun sens.

L'homme qui a une claire vision considère

le conflit des forces en apparence opposées dans le jeu du phénomène naturel comme le ferait un spectateur qui voit jouer un drame dans un théâtre.

Faire dépendre toute sa joie du *darshan* d'un saint, ce n'est pas tout, car nous savons qu'une telle joie a seulement un caractère relatif. Nous cherchons une joie qui ait en soi sa source, qui soit éternelle et qui ne soit à la merci d'aucune condition.

SOUMISSION

Se soumettre à Dieu, c'est offrir toutes ses actions à la divine *Shakti*, c'est, par un entraînement progressif, devenir conscient de ce que l'on n'existe pas en tant qu'individu distinct auteur d'actions.

Le remède souverain pour maintenir l'équilibre du mental est de se soumettre tranquillement à la volonté et au travail de Dieu qui guide et dirige les destinées de l'univers.

Prenez tout ce qui arrive comme étant pour votre bien.

Ayez une foi implicite dans la pitié et la bonté de Dieu.

Soyez toujours courageux et gais et ne vous laissez pas abattre par les tourmentes passagères de la vie.

Abandonnez-vous à la Mère divine, qui est la *Shakti* œuvrant en vous ; Elle veillera à ce que votre vie soit pure et paisible, guidée et conduite par Sa toute-puissante Volonté.

Faites de votre vie entière et de toutes ses activités, une expression sereine de la Vérité.

Réaliser en soi la Présence de Dieu et devenir entre Ses mains un instrument obéissant et joyeux, c'est être parfaitement libre et heureux.

C'est Dieu qui est en vous, qui donne vie à

votre vie et inspire toutes vos actions. Tout en sachant que vous êtes à jamais un avec Lui, soyez pourtant Son serviteur et Son enfant.

Ayez une foi inébranlable dans le tout-puissant Seigneur de l'univers.

C'est un glorieux privilège de savoir, par la grâce de Dieu, qu'Il est le seul auteur de toute action et qu'Il est Tout en tout.

Dieu nous place dans nos positions respectives qui sont toujours pour notre bien si misérables ou heureuses qu'elles soient, vues de l'extérieur.

La vie est bénie et glorieuse quand tout l'ensemble de ses diverses activités sont offertes au Maître et Seigneur des mondes, à jamais présent dans notre cœur.

Croyez toujours que vous êtes un instrument entre les mains divines. Si vous en êtes certain, vous n'aurez aucune raison de penser que vous rencontrerez des obstacles.

N'évitez pas le travail qui est votre partage dans la vie de ce monde, mais accomplissez-le dans la lumière de votre *sâdhanâ*, comme le pur service du Seigneur.

Pour atteindre la Mère divine dans le mystère de Son *svarûpa*, il vous faut dépasser le symbole qui La représente et atteindre, en soumettant toutes vos actions à Sa Volonté, l'aspect *nirguna* de Dieu.

Se soumettre, en toute chose, à la volonté de Dieu, est la clé de la vision universelle. En ce faisant, l'homme réalise qu'il est un simple instrument dans les mains de la Volonté et du Pouvoir divins. Il est toujours résigné et joyeux ; il accepte tous les changements dans le temps et l'espace comme voulus par Dieu pour l'accomplissement du plan et du but divins.

Les influences opposées ne sont pas en dehors de nous, c'est de nous qu'elles sortent comme des serpents qui attaquent. La soumission à Dieu les détruit.

En vérité, lorsqu'on se soumet à la Volonté de la Mère divine, on arrive certainement à être bien guidé et bien dirigé en toutes choses. Remettez-vous-en toujours à Elle. Sentez continuellement Sa Présence en vous et soyez libre et joyeux en toutes circonstances.

Être démoralisé par les souffrances d'autrui – que ce soit ou non nos parents – est nettement dû à l'obsession de *moha*[23]. Pour celui qui n'est qu'un jouet entre les mains des passions et des émotions changeantes (qui toutes se rapportent uniquement à ce qui est transitoire et passager) la soumission à Dieu sera certainement une autodéception et une illusion. Cette soumission, en effet, dénote un état au-delà des émotions et des affections de la nature humaine ignorante.

Pour comprendre le jeu de la volonté divine, vous devez vous y soumettre sans réserve. Alors vous comprendrez que toutes choses arrivent par Sa volonté et pour notre bien.

L'impatience – en n'importe quoi – est toujours signe de faiblesse. Le moyen de nous en libérer est la soumission à la Volonté de Dieu en toutes choses.

C'est Dieu qui nous envoie toute situation et tout changement. Il sait ce qui est bon pour nous. Son principal but est de nous attirer à Lui, et pour y arriver, Il fait surgir tous les incidents de notre vie.

Réaliser que *Prakriti* est l'auteur des actions, c'est s'identifier avec *Purusha*, c'est-à-dire réaliser l'immortalité. C'est cela que signifie la soumission à la Volonté de Dieu. En ce cas, la Volonté est *Prakriti*, l'auteur des actions. Dieu en tant que *Purusha* est celui qui n'agit pas. *Purusha* et *Prakriti* sont un.

Nous voulons Dieu – et Dieu seul, car Il est la seule Réalité. Notre travail, notre pensée et notre amour doivent donc toujours être dirigés vers Lui.

Les formes extérieures et l'obéissance servile aux lois défigurées des *shâstras* ne peuvent vous sauver. Il vous faut faire une entière soumission au Seigneur qui demeure dans votre cœur et dans le cœur de tous et Lui offrir toutes vos actions.

Ne sont contents de leur sort que ceux qui se sont soumis à la volonté du Seigneur suprême de l'univers.

Murmurer dénote un manque de foi en Dieu. Réjouissez-vous de la réussite d'autrui et soyez satisfait de la situation dans laquelle Dieu vous a placé pour l'instant.

L'imperfection n'est que dans l'image que nous nous faisons de la vie extérieure. Vous pouvez être sans conscience d'ego et vivre cependant mêlé aux activités de ce monde, dans un état de liberté et de paix parfaites.

Réaliser Dieu n'implique pas renoncer au monde, mais considérer ce monde comme une manifestation du Seigneur, et Le servir dans tous les êtres et les animaux dans un état de parfaite soumission à Sa volonté.

Si nous regardons la vie avec une vision purifiée, nous verrons dans tout ce qui arrive, dans chaque événement, la main de Dieu travaillant pour le bien de tous. Dans les prétendues épreuves et tribulations de la vie jaillit une source vive de pure sagesse.

Quand un homme se consacre entièrement à Dieu, dans toutes les activités de sa vie, il atteint la vraie liberté et la pure joie. La vie devient alors pour lui pareille à une fleur merveilleuse qui répand continuellement son parfum.

N'oubliez pas que l'offrande de toutes vos actions à la *Shakti* divine est un secours essentiel dans la méditation.

Il n'existe point de désordre dans l'univers, car toutes choses arrivent par la volonté de Dieu qui est tout harmonie et toute paix. Il fixe les événements et les choses pour le bien et uniquement pour le bien.

Le Seigneur nous affirme qu'aucune tempête passagère de la vie, si terrible soit-elle, ne peut nous balayer, si nous prenons refuge en Lui.

Béni est celui qui rejette tout le fardeau de sa vie sur la Mère divine – qui dispose de notre vie et de celle du monde.

La soumission n'est pas un état qu'on puisse atteindre. Nous vivons toujours dans cet état, dont il nous suffit de prendre conscience. Les situations n'ont pas besoin de changer ni notre activité de se modifier.

Les choses peuvent, en apparence, aller tout de travers ; notre vision déformatrice en est la cause. Par la soumission, purifions notre vision et nous verrons le bien partout. Rien ici-bas ne justifie des critiques. Le travail de Dieu est toujours créateur d'unité, d'harmonie et de joie.

Toute activité, grande ou petite, faite consciemment ou inconsciemment, en pensée ou en action, est tout entière l'œuvre de *Shakti*. Notre mental appelle certaines activités vertueuses et en appelle d'autres pécheresses. Cette appréciation de notre mental, fondée sur l'ignorance, est entièrement fausse. Nulle action n'est mauvaise et nulle action n'est bonne. Toute action est simplement l'œuvre de *Prakriti* ou *Shakti*.

VISION ET AMOUR UNIVERSELS

Voyez la Vérité manifestée en toutes choses.

Le Seigneur est le Maître, et le Seigneur est aussi le serviteur ou l'instrument. Tout est Lui.

C'est toujours le Seigneur qui donne et le Seigneur qui reçoit, car le Seigneur est tout et partout.

Le fruit de la connaissance, c'est la vision de Dieu en toute chose et l'état de béatitude immortelle et immuable.

La vision de Dieu signifie la réalisation de votre unité avec Lui, et une vision de Lui dans toutes les manifestations.

En vérité, réaliser que l'univers n'est qu'une forme du Sans forme, c'est être en tout temps paisible et serein.

Quel suprême privilège que de regarder l'univers comme nous appartenant et de l'étreindre avec les bras de l'amour infini !

Voyez la Divinité dans tout aspect de la *lîlâ* de ce monde. En vérité, c'est Elle qui joue dans tous les êtres et dans tous les animaux.

C'est dans l'*advaïta*[24] que la dualité et toute la multiplicité ont leurs origines. Depuis ce sommet de l'unité suprême, regardez la manifestation vaste et variée comme l'expression de la plus haute Vérité.

La plus haute vision consiste à voir Dieu partout, étant à la fois les formes mouvantes et changeantes et la Réalité immuable et inaltérable qui imprègne tout.

Sachez que l'univers sans limite est en vous. Tout ce que vous désirez, tout ce que vous cherchez à atteindre est en vous.

Renoncez au repentir et aux regrets. La suprême essence de vie, Dieu, vous emplit ainsi que l'univers. Dieu seul existe et Il est tout.

Dieu est toujours le même sous des masques différents. Il se divertit sous de multiples déguisements. Quelque idée que vous ayez de vous-même, vous n'êtes rien d'autre que la Vérité suprême, la Vérité entière qui contient et comprend tout.

La Vérité où Dieu demeure dans Sa perfection et Sa plénitude dans le cœur de tout être et de toute chose en ce monde.

Soyez le dévot à l'autel du Seigneur universel et ne voyez pas Sa grandeur uniquement dans telle ou telle personne en particulier.

Pourquoi donc Dieu a-t-Il laissé tant d'êtres dans l'ignorance absolue de Son amour et du bonheur qui en découle ? Que Sa *Mâyâ* est mystérieuse ! Si l'on approfondit la question, on découvre cette vérité subtile entre toutes, que Dieu seul est l'unique acteur derrière tous les voiles bariolés de *Mâyâ*.

Nous ne pouvons être les vrais serviteurs de Dieu, Ses vrais enfants, sans peur et toujours sereins, que lorsque nous avons réalisé, par l'amour, notre unité avec Lui qui est en nous et partout autour de nous.

Tout ce que vous voyez est l'image de la grande et parfaite Vérité.

En nous appuyant sur ce qui est immortel, regardons le jeu immense et changeant de l'univers, sans le laisser avoir d'effet sur nous. C'est la libération.

Laissons la fontaine de l'amour universel jaillir dans notre cœur. En elle est la joie éternelle. Ne nous laissons pas séduire par les ombres et les fantômes du désir et de l'attachement et entraîner loin d'*amrita*, nectar de l'immortalité.

Le point culminant de la *bhakti*, c'est de réaliser que demeure en nous le Dieu qui imprègne l'univers et qui a revêtu toutes les formes.

La vision véritable est éternelle et universelle, au-delà des limites de toute croyance, de toute secte, des dogmes, des coutumes et des religions.

Réalisez que tous les membres de votre famille sont Dieu Lui-même sous des aspects divers. Aimez-les et soyez toujours bon envers eux.

En vérité, il n'y a pas de dissolvant plus puissant que l'amour universel pour fondre toutes les différences qui séparent l'homme de l'homme et du reste du monde.

Le vrai *darshan* consiste à voir Dieu dans votre cœur et partout autour de vous.

Si vous cherchez la béatitude qui découle de l'amour et du service universels, il vous faut regarder l'univers comme étant l'expression de Dieu *nirguna*. Dieu est à la fois le manifesté et le non-manifesté.

Nous devons faire en sorte que notre regard traverse la vie et les phénomènes de l'univers et pénètre jusqu'à l'*Atman* impérissable, immuable, immobile et bienheureux qui imprègne tout.

KARMA-YOGA

Il est dit que le *siddha-purusha*[25] est inactif alors même qu'il est en pleine activité dans le monde. En tant que *Prakriti* ou *Shakti*, il est toujours actif ; en tant que *Purusha* ou *Shiva*, il est toujours inactif.

L'activité dénote les mouvements de l'amour pur et de l'*ânanda*, et l'inactivité dénote la paix absolue – l'un est l'expression de l'autre, comme la lumière est l'expression du soleil.

Soyez actifs dans le domaine qui s'offre à vous, quel qu'il soit, et accomplissez tout votre travail joyeusement, dans un esprit de service.

L'homme peut atteindre Dieu en vivant dans le monde et en accomplissant tous les devoirs qui lui échoient en partage.

Réalisez que toutes vos actions sont l'expression spontanée du Divin qui est en vous.

Il y a dans le jeu une joie pure – une joie qui existe parallèlement à la paix de l'Absolu.

Sachez, une fois pour toutes, que tous les mouvements et toutes les activités de votre mental, de vos sens et de votre cœur tiennent toute leur lumière de la divine *Shakti*.

Pour devenir un divin ouvrier, il faut certes effacer complètement en soi la conscience d'ego, sans quoi l'on ne peut jamais atteindre, dans la sphère de l'activité, la joie et la liberté véritables.

Il ne vous appartient pas de déterminer ce que rapportent vos actions, mais d'être satisfait de ce que Dieu vous accorde comme fruit de votre peine.

L'homme est appelé à vivre ici-bas dans des situations diverses. Il doit dépasser les limites auxquelles son ignorance l'a soumis afin de pouvoir résister à l'assaut des forces qui travaillent en lui. Pour cela, il doit regarder toutes ses actions et celles du monde comme l'œuvre de *Prakriti* ou *Shakti* et de ses *gunas*.

Nous recherchons la paix et la joie qui demeurent dans toutes les conditions et situations de la vie. Cette joie se nomme *sahajânanda* et l'état qui lui correspond est le *sahajasamâdhi*. Dans cette réalisation suprême, l'âme libérée jouit d'une extase divine à jamais sereine malgré les événements et les phases successives de la vie phénoménale. En effet, dans tout changement et toute activité, cette âme ne voit et n'éprouve plus que le mouvement de l'*ânanda* éternel.

Toutes vos actions, que par ignorance vous qualifiez bonnes, mauvaises ou indifférentes, sont simplement divines. Ne laissez aucun doute ou aucune crainte troubler le fond tranquille de votre pensée.

Un homme qui agit dans la connaissance du Moi devient inconsciemment et automatiquement secourable pour toute l'humanité.

Vous jouez tout simplement le rôle que *Prakriti* vous assigne. Jouez le jeu jusqu'au bout comme étant son œuvre. Quand Elle décidera de changer, entrez tout naturellement dans le nouveau jeu.

Soyez le fidèle serviteur de Dieu. Ne vous

souciez ni de renommée, ni de réputation, ni de gloire. Servez-Le dans tous les êtres et, par ce service, gagnez joie et paix durables. Le travail est sa propre récompense.

Dans tous les mouvements de votre mental et dans toutes les activités de votre corps, ne voyez rien d'autre que le jeu de l'*ânanda*.

Soyez d'abord le témoin de vos propres actions comme de celles du monde, puis identifiez-vous avec Celui qui est à la fois le témoin et l'acteur cosmique.

Votre seul souci devrait être de vous transformer en un instrument de Dieu à Son service.

Nous pouvons vivre la vie de l'éternité tout en accomplissant toutes nos actions comme des tâches qui nous sont assignées par le divin Seigneur. Alors cela vaut-il la peine de nous charger de soucis et d'anxiétés pour tout ce qui, dans la vie, est de nature éphémère?

Notre but n'est pas seulement d'atteindre la connaissance de la Vérité, mais aussi de vivre et de servir comme instrument docile dans les mains de la Vérité.

Le secret du *karma-yoga*, c'est de servir tous les êtres dans un amour et une vision universels.

Croyez que c'est un Pouvoir divin qui se meut et agit dans tous les êtres et toutes les choses – et ce flot de *Shakti* est pur *ânanda*.

Karma-yoga signifie libération dans l'action. Dans cet état, la nature dynamique devient un instrument docile et soumis entre les mains du pouvoir et de la volonté suprêmes du Dieu intérieur.

Peu importe quelle forme nous lui donnons, peu importe à qui nous le destinons, notre service est toujours offert à la Mère divine.

Ce n'est pas simplement en répétant le Nom de Dieu et en chantant Ses louanges que nous servons Dieu ; chaque travail que nous faisons est un acte d'adoration, car chaque parcelle de notre activité appartient à Sa *Prakriti* ou Volonté. Faisons donc tout notre travail comme service ou offrande au Seigneur suprême de notre être.

PURUSHOTTAMA

Purushottama est manifesté dans Son divin aspect de *Shakti*, comme étant l'univers visible ainsi que les mouvements qu'il contient ; en même temps Il est manifesté comme l'esprit inactif immuable, omniprésent, *Shiva*.

Shakti, de par la volonté du *Purushottama*, est toujours active dans la triple nature de Son œuvre : la création, la protection et la destruction de l'univers.

Le manifesté est amour et joie, le non-manifesté est silence et paix.

Dieu est à jamais l'ami et le protecteur de Ses fidèles.

Tout est Dieu, à la fois manifesté et non-manifesté.

La réalisation de soi est à la fois la réalisation de votre nature immortelle et votre union avec la Divinité suprême. Vos actions deviennent alors l'expression de votre être supérieur et véritable.

L'individualité est un leurre quand elle est séparée de l'universalité ou qu'elle en est différente. Il n'y a qu'une vie, qu'un esprit et qu'une Vérité.

Voici le message de Râmdâs pour tous : « Réalisez votre Divinité suprême et jouissez de la béatitude et de la paix de la vie éternelle. »

Shakti est la Mère universelle qui a revêtu toutes les formes de l'univers, et qui, par la volonté du Seigneur, crée en elles tous mouvements et toutes activités.

Shakti est la puissance qui anime et inspire tous vos mouvements physiques, mentaux et vitaux. Et même votre forme, votre corps, comme aussi toutes les formes, ne sont que le corps et la forme de *Shakti*. Vous êtes un avec *Prakriti* qui se manifeste, et en même temps, vous êtes un avec *Purusha* qui ne se manifeste pas. Ainsi donc, élevez-vous au-dessus des formes perceptibles par la vue et le mental et trouvez votre union avec Dieu qui est tout en tout.

Le témoin qui imprègne tout, qui est sans formes, sans mouvements, infini, c'est *Shiva*. Toutes les formes et les mouvements proviennent de *Shakti*. *Shiva* et *Shakti* ne font qu'un dans le Seigneur, qui est à la fois tous les deux, et en même temps au-delà des deux. Le Seigneur est *Parama Shiva*[26]. Identifiez-vous avec *Shiva* qui est votre *Atmâsvarûpa*[27], et voyez toutes les manifestations comme étant Son pouvoir et Son expression.

Dieu est le manifesté, Il est le non-manifesté. Il est le mouvement, Il est le calme. Il est la forme et Il est le sans-forme. Il est visible, Il est l'invisible. Bref, tout ce qui est imaginable ou inimaginable, c'est Lui et Lui seul, car il n'y a rien d'autre que Lui.

Dieu n'est pas seulement une Vérité silencieuse, statique et invisible, Il est aussi la manifestation active et visible.

Soyez toujours conscient que c'est par la seule Volonté de Dieu que l'univers entier travaille et que vous n'avez pas d'existence réelle en tant qu'individu distinct et séparé du Divin. Quoique les manifestations soient multiples, la Vérité est une éternellement.

En tant qu'entité séparée de l'Esprit immortel qui imprègne toute vie et toute forme, vous n'existerez pas ! Vous êtes toujours un avec cette Vérité cosmique et transcendante.

Renoncez à votre « moi » individuel. Dieu seul existe et Il est tout. Même vos *sâdhanâs* ne vous appartiennent pas. Quoi qu'on fasse, c'est Son action. C'est Lui qui est en nous, qui est en dehors de nous, qui est partout. Il est à la fois l'acteur et le spectateur. Il est tout.

DIVERS

L'absence totale de désirs n'est possible que lorsqu'on a commencé à percevoir la joie intérieure de l'*Atman*.

Lorsque, dans n'importe quelle condition, éveillé ou endormi, actif ou inactif, on reste dans l'état d'inaltérable *samâdhi*, cet état continu de liberté et de paix parfaites est *sahaja-samâdhi*.

Les hauts et les bas de la vie n'existent qu'en apparence ; en réalité, ils n'ont d'existence que dans l'imagination de l'âme ignorante.

Soyez indifférents à l'opinion du monde.

Toutes les difficultés qui assaillent un homme dans ses progrès pour atteindre Dieu, peuvent être vaincues par la Grâce.

La *Gîtâ* vous dit ce que vous êtes en réalité. Elle vous infuse de la force, de la pureté et de la paix. Elle est une mine de sagesse. Plongez profondément en elle, et vous trouverez les joyaux inestimables qu'elle recèle.

Sachez que le corps ne peut s'affaisser tant que Dieu n'a pas fini de l'utiliser pour Sa *lîlâ*.

Ne vous laissez pas décourager par l'idée que certaines personnes seulement sont capables d'atteindre les sommets. Ce que d'autres font ou ont fait, vous aussi pouvez le faire.

Dans l'évolution du monde, les changements cycliques sont l'effet inévitable de la loi divine à l'œuvre dans la nature.

La plus petite expérience de douleur, de tristesse, de perte, de défaite et de déception est d'une utilité inappréciable pour l'âme en route vers la Vérité.

Le changement est la loi de la nature. Il comprend la montée et la descente, aspects jumeaux d'un même mouvement, opposés dont chacun porte en soi le même sens de grandeur ou de petitesse.

Ne vous accusez pas d'être tombé à un niveau misérable, alors que la glorieuse Vérité demeure en vous.

Ne faites pas de projets pour l'avenir, et ne vous souciez pas de lui. Ne ruminez pas ce qui est passé et n'ayez ni regrets, ni chagrins.

Nager à la surface, en s'accrochant aux bouées, sans aspirer à plonger jusqu'au fond, ne peut nous donner qu'une vision trouble et imparfaite de la Vérité, qui est source de toute vie et de toute manifestation.

Puisque la Vérité toute-puissante qui est pouvoir, paix et bonheur absolus, demeure éternellement dans vos cœurs, sentir que vous êtes faibles et malheureux, c'est méconnaître la Vérité. « Combattez en héros », affrontez bravement cette vie des phénomènes !

La vraie pauvreté est celle de l'âme, une pauvreté dans laquelle le mental est toujours dans un tourbillon créé par les doutes, les soucis et les craintes.

En vérité, un idéal n'a aucune valeur si vous ne pouvez le mettre en pratique.

Certains événements de notre vie nous semblent parfois absolument discordants et par conséquent incompatibles avec l'Amour de Dieu. Notre vision du glorieux idéal s'estompe et notre foi en Lui – Amour infini – est ébranlée. Dire qu'Il est notre Dieu, admettre qu'Il est tout amour et que nous avons remis tout notre être entre Ses mains et malgré cela voir autour de nous mal et cruauté, c'est affirmer qu'Il n'est pas Dieu, mais un démon infligeant sans motif peines et douleurs à nous et à d'autres dans ce monde. Notre soumission à un tel démon ne peut nous être d'aucun profit.

L'homme qui cherche la paix intérieure peut effectuer pour l'obtenir bien des changements dans sa vie extérieure et dans tout ce qui l'entoure, mais les milliers d'hommes qui errent à la surface du globe à la recherche de conditions favorables pour réaliser une telle paix ont dû constater qu'en fait ils n'y parvenaient pas. C'est que le changement doit se faire en nous dans la vision intérieure.

Une vérité ne devient pas erreur simplement parce qu'une foule de gens défendent l'erreur et se rangent de son côté.

L'amour des livres se rapportant à Dieu, à la dévotion et à la connaissance nous est une aide dans nos progrès vers la réalisation de notre être véritable, qui est à la fois bonheur et paix éternels. Mais s'attacher à ce seul plaisir sans vouloir goûter la joie née de l'*Atman*, sans s'élever au-dessus des appétits sensuels ou intellectuels, c'est se cramponner à l'ignorance.

Il n'y a rien d'aussi encourageant, d'aussi apaisant que *satsanga* pour résister aux attaques des forces démoralisantes du monde.

Recourir à *satsanga* est une nécessité absolue pour l'homme qui avance sur le chemin de la spiritualité.

Abandonnez la repentance et les regrets! Vous et l'univers êtes emplis de Dieu. Essence suprême de la vie, Dieu seul est, et Il est tout.

En fait, jusqu'à ce que l'état absolu soit atteint, le mental est enclin à jouer toutes sortes de tours à celui qui veut progresser.

Un doute sincère, loin d'être un obstacle, est une aide inappréciable à celui qui cherche la Vérité.

Ne vous laissez plus prendre par les formes extérieures, par les formalités, coutumes, traditions, dogmes et rites.

Il n'y a ici rien à critiquer. L'œuvre de Dieu tend toujours à l'unité, à l'harmonie et à la joie.

Ici-bas honneur et déshonneur, louanges et blâmes, gains et pertes ne devraient avoir pour nous aucune importance.

Dans la vie de Dieu inimaginablement vaste et sans limites, des mondes innombrables sont nés et périssent. Que dire alors de l'homme, cette insignifiante créature ?

Cette vie est un splendide don de Dieu. Elle n'est pas faite pour que nous la gaspillions ou la déchirions en ruminant des douleurs sans réalité.

En vérité Dieu est bon et tout amour. Il n'y a aucun doute à cela. Autrement pourquoi nous donnerait-Il des chocs et des coups, sous forme de pertes et de calamités, si ce n'était pour nous faire passer d'un bonheur illusoire vécu dans un rêve, à la grande Réalité ?

Nous sommes bénis lorsque, afin de nous amener à Lui, Dieu dans Sa pitié nous envoie les malheurs que nous n'avons pas réclamés ! Il est en vérité tout amour et bonté.

Nous devenons de meilleurs serviteurs de Dieu si nous sommes pauvres que si nous sommes riches. La richesse nous éloigne de la Vérité, qui est Dieu.

Grogner contre son état est signe que l'on n'a pas foi en la bonté de Dieu. Dieu sait ce qu'il nous faut.

Une chose est certaine : lorsque Dieu S'est forgé un instrument, Il ne le laisse pas briser avant d'en avoir obtenu tout le service qu'Il en attend.

La vraie grandeur réside dans un cœur et un mental purs. Que vous importe ce que pensent de vous vos collègues ou d'autres personnes encore !

Dans la vie conjugale, toutes les expériences permettent à l'homme de mieux comprendre le secret suprême de la vie, qui est la réalisation de sa nature immortelle.

Ne pensez pas que la vie de famille nuise en quoi que ce soit à vos progrès spirituels.

Croyez-vous que votre vie soit comme une horloge qui s'arrête quand le ressort est cassé ? N'y a-t-il pas en vous quelque chose dont vous êtes forcément conscient et qui reste, même après la dissolution du corps – une chose éternelle, impérissable, sans fin ?

La simplicité de la vie est le signe de la vraie prospérité.

La vie conjugale n'est pas une institution indésirable et nuisible au progrès spirituel de l'homme. Au contraire, il n'existe pas d'institution plus noble et plus glorieuse, si la vie est vécue dans l'esprit où elle doit l'être. L'homme peut faire de sa maison un centre d'où rayonnera la lumière du service et de l'amour universels.

Le royaume des cieux ne peut être établi sur la terre que par l'amour et le service universels. Et ceux-ci découleront du travail harmonieux des différentes religions (sur une base d'égalité) et d'une véritable compréhension de la grandeur que l'on trouve dans toutes les religions et dans leurs fondateurs.

Tous les changements extérieurs en matière de création, préservation et destruction ne sont que l'activité de *Shakti* qui s'amuse. De même, sur l'océan, les vagues qui s'élèvent et qui retombent ne sont que le jeu de l'océan qui folâtre.

Pour Râmdâs, *Dattâtreya*[28], *Râma, Krishna, Shiva* et toutes les grandes Incarnations du monde sont les manifestations de la même Réalité absolue.

Loin d'être des obstacles au progrès de l'âme, les liens de ce monde aiguillonnent l'âme et la font avancer plus vite et plus facilement.

Dans ce panorama évanescent de la vie,

toutes choses et tous objets sont soumis aux changements et à la destruction. Seul est réel le Seigneur, avec qui nous sommes éternellement unis.

La vie extérieure universelle est un immense jeu d'activités et de changements qui comporte trois mouvements émanant du même pouvoir : la création, la préservation, la destruction.

NOTES

1. Des extraits de ces deux volumes sont parus sous le titre *Carnet de Pèlerinage*.

2. *L'Enseignement de Râmakrishna*, § 507.

3. Voir dans *Mélanges sur l'Inde*, vol. I, l'article de Mme Lizelle Reymond : *Un grand bhakta : Swâmi Râmdâs*, seule étude parue jusqu'ici en français sur le Swâmi.

4. Anandâshram, Kanhangad, North-Konkan, Inde.

5. Le terme *ahamkâra*, qui a été ici traduit par « conscience d'ego », désigne le sentiment qui nous fait prendre conscience de notre personne comme d'un être séparé, distinct des autres êtres et du reste du monde, et nous assimiler à cette personne.

6. Le fait de devoir subir les conséquences de nos actions, dans la même vie ou dans une vie ultérieure.

7. L'âme individuelle, par opposition à la nature et à la Divinité.

8. Les œuvres faites sans désir.

9. Souvenirs subconscients.

10. Loi qui régit l'individu.

11. Roi légendaire qui, par la puissance de ses austérités, fit descendre le Gange sur la terre.

12. Sainte hindoue de la seconde moitié du XVIe siècle.

13. Le *mantra* (formule sacrée) donné par le *gourou* (maître spirituel).

14. Cf. page 8.

15. La compassion du gourou.

16. Qui est affecté des gunas, qui est dans le règne des gunas.

17. Celui qui a choisi pour s'approcher de Dieu la voie de la raison et de la philosophie.

18. L'Atman universel.

19. La bhakti suivie sans désir de récompense.

20. Union avec le Divin.

21. La libération.

22. Grand sage arrivé au point où il « voit » les vérités éternelles.

23. Illusion.

24. Non-dualisme ou monisme.

25. Une âme arrivée à la perfection.

26. Le Shiva suprême.

27. La nature propre, la forme propre, l'essence de l'Atman.

28. Grand rishi du Xe siècle après J.-C. que ses disciples considèrent comme une incarnation de Brahmâ, de Vishnou et de Shiva.

GLOSSAIRE

Ananda. – Béatitude, félicité (divine).

Atman. – Le Divin en l'homme, le Moi véritable de l'homme, par opposition au faux ego qui le sépare de Dieu et des autres hommes.

Bhakta. – Adorateur, celui qui a choisi pour s'approcher de Dieu la voie de l'amour et de l'adoration.

Bhakti. – Amour pour Dieu, l'une des voies qui conduisent à la « libération ».

Darshan. – Fait de se trouver en la présence réelle d'une personne ou d'une chose pour laquelle on éprouve de l'amour et du respect.

Dvandva. – Dualité, couple d'opposés (comme le bien et le mal, le froid et le chaud).

Gîtâ. – La Bhagavad-Gîtâ, le plus sacré de tous les textes classiques hindous.

Gourou. – Maître spirituel.

Gunas. – Les trois éléments ou modes par la combinaison et le jeu desquels naît le monde de la multiplicité.

Jnâna. – La connaissance réelle de la vérité, par opposition à la connaissance des apparences trompeuses, qui est ignorance.

Karma-Yoga. – Une des voies qui conduisent à la « libération » : la voie des œuvres faites sans désir.

Krishna. – L'une des Incarnations du Divin qui sont les plus populaires dans l'Inde. Son enseignement est contenu en particulier dans la Bhagavad-Gîtâ.

Lîlâ. – Le jeu (du Divin).

Mantra. – Voir p. 8.

Mâyâ. – Ce qui fait que nous ne voyons pas la Réalité sous son véritable aspect ; image infidèle que nous en percevons.

Nirguna. – Qui n'est pas affecté par les gunas, qui est en dehors du règne des gunas.

Parâbhakti. – La bhakti suprême.

Prakriti. – Dans certains systèmes de philosophie hindoue, l'énergie créatrice, par opposition à Purusha.

Prema. – L'amour extatique.

Purusha. – Dans certains systèmes de philosophie hindoue, l'âme, l'être réel et immuable, par opposition à Prakriti.

Purushottama. – Le Purusha suprême, le Divin suprême.

Râma. – L'une des Incarnations du Divin qui sont les plus populaires dans l'Inde. Sa vie est le thème des Râmâyana.

Sâdhak. – Celui qui s'efforce de se rapprocher du Divin en suivant une sâdhanâ.

Sâdhanâ. – Discipline spirituelle méthodique.

Samâdhi. – Extase yoguique.

Sannyâsa. – Renoncement, vie monastique.

Sachchidânanda (Sat-Chit-Ananda). – Existence-Connaissance-Béatitude absolue.

Satsanga. – La compagnie de saints hommes.

Shakti. – Énergie divine ou cosmique.

Shâstra. – Les Écritures, les règles de vie prescrites par les Écritures.

Shiva. – L'une des personnes de la Trinité hindoue.

Svarûpa. – La forme propre de l'essence.

Vairâgya. – Renoncement.

TABLE

LES PETITS LIVRES DE LA SAGESSE

MÉDITATION
de Sogyal Rinpoché

SAGESSE DES INDIENS D'AMÉRIQUE
textes établis par Joseph Bruchac.

BALADES
de Henry David Thoreau

PENSÉES
de Swâmi Râmdâs,
préface de Jean Herbert

Achevé d'imprimer par la SAGIM à Courtry en janvier 1995,
sur une mise en pages de Op. Cit. / R. *Crouzet. N° d'éd. : 2793.*
Dépôt légal : janvier 1995.